जिजीविषा

जीने की इच्छा

उत्कर्ष दुबे

ISBN 979-888546450-5

अपने काव्य संग्रह की रचना करते समय मुझे अपने जिन मित्रो पारिवारिक सदस्यों आदि से जो सहयोग मिला है उसका मैं आभारी हु । मैं विशेष रूप से अपनी दादी जी स्वर्गीय प्रेमा देवी का आभारी हु बचपन में उनकी सुनाई कहानियों और कविताओं ने मेरी मनोचेतना पर गहरा प्रभाव डाला।

धन्यवाद

क्रम-सूची

भूमिका

यह काव्य नित्य आए कल्पना वा भाव को कलम के माध्यम से वक्त करने की कोशिश की गई है। यह काव्य भारतीय संस्कृति की कहानियों की मंद बयार है जो भारत के हर घर के आंगन से होकर गुजरती है। इन काव्यों में वीर, भक्ति और श्रृंगार आदि रसो का विषम संयोग है आशा है यह काव्य आपके भीतर छुपे किसी न किसी भावो को अवश्य छेड़ेगी और आपके मनोचेतना में छुपी किसी न किसी कहानी कोअवश्य को जगा देगी।

1. आसक्ति

पग पग की मैं धीर धरु
जब मैं सोंचू यमुना को
गंगा को भी मैं पार करू
जब मैं सोंचू यमुना को

चित सावन का तो आ गयों
नैनन को तनिक भी प्रीत नही
बाबुल घर भी अब मन ना भायो
जब मैं सोचू यमुना को

विरह अग्नि तो शांत भई
पर चित हृदय में मेल नहीं
सांवरे मेरे अब ना आइयो
अब मैं सोंचू यमुना को।।

 2. पिनाक

शिव धनु मोह प्रिय बहु, जो तोड़े सोय वध होए
विनम्र भाव से देखे रामा, जब रामा ललकार रहोये।।

मुझसा पापी कोई ना होए, जिसू कारण क्रोधित आप सो होए
दंड दीनू को दिजे प्रभु, जस निर्मल आप मन होए।।

सुनत राम की मधुर वाणी, परशु भए भाव विभोर
देखत जब शांत हृदय से, प्रत्यक्ष प्रकट कमलनयन होए।।

3. विजय

ना थक तू,ना हार तू
भाग्य को दे ललकार तू
आत्म रक्षक कब तक बनेगा
अब कर पहला प्रहार तू

लौ ललाट पर धारण कर,
शीतलता चंद्र सी, मस्तिष्क में रख
नेत्र को एकाग्र कर,क्रोध का त्याग कर
भुजाओं को साध कर,सांसों में हुंकार भर

पगडंडियों की नोक से
जीत लेगा तू विश्व को
बस धैर्य को आत्मसात कर
अब पहला प्रहार कर ।।

4. शिव

अध्यन करना चाहोगे मेरा,
लेकिन, पांडित्य ना कर सकोगे,
निराकार है रूप मेरा
लेकिन,तुम कोई रूप ना दे सकोगे

अग्नि चरित्र है मेरा
लेकिन,आहूत ना कर सकोगे,
हर क्षण में वास है मेरा
लेकिन, तुम पहचान ना सकोगे

समर्पणता ही विषय है मेरा,
लेकिन, तुम यह जान ना सकोगे।।

5. अश्वत्थामा

वीरों की सभा में भी,मैने ऐसी दुर्बलता देखा
पसाओ के जाल में,धर्म को मैने उलझे देखा

अहंकार के लोलट में, दुसासन को मैने निर्मम देखा
द्वेष अग्नि में जलते हुए, दुर्योधन को मैने देखा

पांचाली के चीरहरण में, सूर्यसूत को मैने मुस्कुराते देखा
लौ ललाट पर धारण किए, भीम को मैने थर्राते देखा

अपनी प्रतिज्ञा की आंध में, भीष्म को मैंने छुपते देखा
नेत्रहीन के नाटक में,पुत्रमोह को मैने देखा

अपने हित के आवेग में, द्रोण को मैने विरक्त देखा
ऐसे पाप को होते हुए,कृपाचार्य को मैंने सहम देखा

कैसी निर्जल्ता है मेरी भी, मैने भी तो कुछ नही देखा।।

6. कर्मयोगी

मेरा ज्ञान ही मेरा चरित्र है
तनु से लेकर तरवर तक, यही सबसे पवित्र है
संसार तो मोह की माया है, यह कहा इतना विचित्र है

निठुर खड़ा मैं देखता हु, अज्ञानता के सागर को
किसको सुन्य पाना, छोड़ के इस माया को
मैं वैराग्य को ना कहता, गृहस्थ होने की बात ना करता

ज्ञान पाकर तुम, कर्म को जानो
अपने को देखो, अपने को पहचानो

इस माया सागर में तुम, अपने को ही पाओगे
योग ना करके भी, तुम कर्मयोगी बन जाओगे।

7. रुद्र

तू तेज वेग की धारा है,
तुझसे मिलकर मैं निर्झर हो जाऊं
तू अनंत गगन की काया है
तुझसे मिलकर मैं फलक बन जाऊ

तू पत्थर है पारस सा
छू कर तुझको मैं हीर बन जाऊ
तू नित्य दिवाकर की दिवा है
तुझमें ढल के मैं शाम बन जाऊ

तू कमल नयन की गीता है
तुझे ग्रहण कर मैं अर्जुन बन जाऊ
तू पर्ण अपर्णा सा त्याग है,
तुझमें खोकर मैं रुद्र हो जाऊ।।

8. वैराग्य

दो पहेली संजोके,
मैं एक पहेली सुलझाने चला
यह कैसी विडम्बना ईश्वर की,
मैं जीवन को बुझाने चला
ना थी ताकत गृहस्थ की मुझमें
ना धीर अधीर होने की
वैराग्य को भी कैसे जाता
बड़ी चंचलता थी मन की भी
विशाल हिमालय की गोद में
चला तो जाऊं कैसे
निर्मम मां की ममता को
रोंध के जाऊं तो कैसे
विशाल हिमालय सी रक्षा
पिता सदेओ ही देता है
निर्मल नदियों के जल भी
मां की ममता सा सुख ना देता है
विरल ही वो मनुष्य है
जिनके मां बाप होते है
४ धामों के पुण्य से ज्यादा
उनके चरणों में ही होते है।

9. जिजीविषा

अशनिपात सा रणभूमि होगा
उर्वी नभ सब सूना होगा
तीर धनुष और कमान संभालो
अर्जुन उठो और मुझे साधो
यदि कर सको तो यह करो
अपने पितामह को निशस्त्र करो

तनु पीड़ा से कुछला जाता है
अधर्म से हृदय मरा जाता है
यदि कर सको तो मुक्त करो
हां !अर्जुन मुझसे युद्ध करो

परंतु!

हुआ ना धरती पर कोई ऐसा
मुझसा वीर धनुर्धर जैसा
नर गंधर्व सब हार गए
परशु भी मुझको भांप गए

वचन ब्रह्मचर्य का मैने दान दिया
तब इच्छामित्र्यु का वरदान लिया
परशु ने मुझको स्वीकार किया
नाम भीष्म उपहार दिया

तुम कितने छड़ मेरे टिक सकोगे
अर्जुन! मुझसे युद्ध कर सकोगे।।

परिचय तुम अपने वीरत्व का देना
करना तो वध मेरे चिरत्व का करना

बाण ना मेरे धनु से चलने पाए
ऐसी माया जो तुमसे हो पाए
सफल तभी तुम हो पाओगे
तब वध मेरा कर पाओगे

मैं मोह मोह का त्यागी हूं
अचल विचल वैरागी हु
अब तुम मुझको तृप्त करो
अर्जुन! तुम मेरा वध करो।।

10. बिरह

बरस के आयो सावन एशो
मन पर कुंठित घात भई
पिया बैरी काहे होए गयो
जाने ऐसी का बात भई

का बीते दिन की बात करू,जब
बाबुल घर आयो बालम मेरो
तब किवाडन के पीछे से मैं
नैनन से नैनन में बात करू

का कह दू सखी नैनन से
एको बात न समझी सजन ने
ले जा मोके बाबुल घर से
बरस बीत गई अब लगन के

नैना निहारे पहर चारो
साजन आओ मारो देश
तनिक भी रति नही मारो
कैसे भेजू मैं संदेश।।

11. आत्मचिंतन

भ्रमित हूं इस भवर में मैं
धीर धरोहर कर्म सा
यति नाचता मुझपे
परशु धारण नीवी सा

स्थिर नही मनोभूमि
है साधु की कुटी
या युद्ध के शिविर सा

एक ओर टंगे बरशे कुदाल
एक ओर माला रुद्राक्ष सा
हृदय भ्रमित नहीं मेरे
पर, विविधता सागर के गर्त सा

मिलेगी कहां हृदय की रती
छड़ में बांसुरी की मधुर धुन
छड़ में पवन के तेज वेग सा ।।

12. आश्मय

आश्मय पड़ा विनीत स्वर में,
जाने कहां भाग्य उदय हुआ
तिर-तिर बिलखती उन आंखों में
जिसमे संजोए थे
हजार-हजार सपने,
मन में उठती कई अभिलाषाओं
को दबा लिया हमने
एक चौखट नाघ परिणय का
अपने को संजीदा बना लिया हमने।।

जिजीविषा का अर्थ है-जीने की इच्छा। यह बड़ा अद्भूत शब्द है। इस शब्द का गहरा अर्थ यह है कि मनुष्य अपने जीवन को जितना प्यार करता है, अगर वह निष्ठापूर्वक अपनी प्रबल इच्छाशक्ति को जगाए रखे, जीवन के प्रति मोह पैदा करे, जीवन में रागात्मकता को जगाए रखे तभी उसका जीवन जीने योग्य बनता है। जीवन को प्यार सभी करते हैं, परंतु चाहना अलग बात है। चाहने से कुछ नहीं होता। प्रश्न है कि जिस जीवन को हम चाहते हैं, क्या उस पर हम भरोसा कर सकते हैं? यदि चाहत पक्की है, उसमें निष्ठा है तो हमारे जीवन में जीवन के प्रति राग पैदा हो सकता है, हम अपने जीवन को लालित्य बना सकते हैं। जीवन तो सबको मिलता है, परंतु जीवन जीने की कला सबके पास नहीं होती है। यही सबसे बड़ा दुर्भाग्य है। धन कमाने, दौड़-धूप करने और दुनियादारी के चक्कर में हम धीरे-धीरे अपना बहुमूल्य जीवन गंवा देते हैं। धन के कारण चाटुकारों की भीड़ तो इकट्ठा हो सकती है, लेकिन उनमें प्रेम करने वाला शायद ही कोई हो, क्योंकि यात्रा हमने गलत दिशा में प्रारंभ कर दी। जिजीविषा का अर्थ है-सुखमय जीवन जीने की प्रबल इच्छा। यह संभव तभी है जब आपके मन में प्रेम का भाव हो, लोगों को अपना बनाकर चलने की कला हो। जीवन में राग और आकर्षण पैदा करके इसे सुखी बनाया जा सकता है। जीवन को अगर शुरू से प्यार करना सीख लिया जाए, जीवन को आनंदपूर्ण बनाने का मन बना लिया जाए तो हमें जीवन का ज्यादातर पक्ष आनंदमय ही दिखेगा। जीवन का काला पक्ष तो वह देखता है जो हारा हुआ और हताश होता है। जीवन को बंजर भूमि बनने से रोकें और जीवन की बगिया में सुंदर गुलाब का पौधा लगाएं। तभी उन फूलों से जीवन सुगंधित हो सकता है। शरीर रूपी कमरे में प्रेम रूपी प्रकाश को भरो, जीवन में अंधकार कोसों दूर रहेगा। बस, आवश्यकता है थोड़ा सा विचार करने की, जीवन को समझने की। सब कुछ अच्छा होगा।

आचार्य सुदर्शन जी महाराज

(https://www.jagran.com/spiritual/religion-8464.html)